X32R

Zur Geschichte des griechischen Dithyrambus

von

Dr. Wilhelm Schmid,

ord. Professor der klassischen Philologie.

Die jungattischen Dithyramben des Melanippides und seiner Nachfolger behandelten die Heroënsage im weitesten Umfang und führten der Art nach ähnliche, zum Teil geradezu dieselben Titel wie die attischen Tragödien, die nach Aristoteles aus dem alten Dithyrambus hervorgegangen sind. Von dem alten Dithyrambus unterscheidet sich dieser spätere nicht durch seinen Inhalt, sondern durch seine mimetisch-musikalischen Extravaganzen, die den Spott und Tadel der Komiker und des Aristoteles herausgefordert haben.*) Ein chorlyrisches Gedicht mit ἡρωικὴ ὑπόθεσις hat also schon dem fünften Jahrhundert vor Christus ebenso wie dem Plutarch (de mus. 10) für einen Dithyrambus gegolten. Wir kennen aber auch ausser dem Dithyrambus keine chorlyrische Gattung, die lediglich der poëtischen Gestaltung der Heldensage gewidmet gewesen wäre. Denn das von Proklos (chrestomath. p. 246, 7 WESTPHAL) aufgeführte ὑπόρχημα, an das man allenfalls denken könnte, ist nicht Artbegriff, sondern allgemeinster Gattungsbegriff für die gesamte Chorlyrik.

Daraus folgt, dass es für die balladenartigen Dichtungen des Bakchylides Ἀντηνορίδαι ἢ Ἑλένης ἀπαίτησις (Tragödie desselben Titels von Sophokles), Ἡρακλῆς (inhaltlich den Trachinierinnen des Sophokles verwandt), Ἤθεοι ἢ Θησεύς (auch Titel eines angeblichen Stückes von Thespis), Θησεύς (Titel verschiedener Tragödien), Ἰώ (Titel einer Tragödie des Chäremon), Ἴδας in der That eine andere Gesamtbezeichnung als die von BLASS**) zuerst geforderte und eingeführte Διθύραμβοι überhaupt nicht giebt.

Wenn wir aber auch vermittelst dessen, was wir schon lange über den Inhalt des Dithyrambus im fünften Jahrhundert v. Chr. wissen, in der Lage waren, neugefundene Gedichte aus dieser Zeit als Dithyramben zu erkennen, so fehlte uns doch bis in das Jahr 1897 eine wirklich greifbare Vorstellung von dieser

---

*) Besondere rhythmische und metrische Kühnheiten, auf die Dionysius von Halikarnass (de comp. verb. 19) hindeutet, finden wir in den erhaltenen Resten der späteren Dithyrambendichtung keine, zumal seit das lange Bruchstück des Pratinas (fr. 1 BERGK⁴) endgiltig aus diesem Kreis ausgeschieden und dem Satyrspiel zugewiesen ist (P. GIRARD, Mélanges Weil 131 ff.).

**) praefat. ed. Bacchylid.¹ p. V. LVII.

1*

ganzen poëtischen Gattung, und Blass hat vollkommen Recht zu sagen, vor Entdeckung des Bakchylidespapyrus hätten wir nicht eigentlich gewusst, was ein Dithyrambus sei. Aber so hell ist doch das neue Licht keineswegs, dass nun plötzlich Begriff und geschichtliche Entwicklung des Dithyrambus ganz offen vor uns liegen. Vielmehr müssen wir gestehen, dass uns das wichtigste Problem auf diesem Gebiet zunächst noch fast ebenso dunkel ist wie es zuvor war. Gestellt ist es längst, am klarsten in der besonnenen Programmabhandlung*), in der Ewald Scheibel die wüsten Phantasieen von Moritz Schmidts Diatribe in dithyrambum poetarumque dithyrambicorum reliquias (Berlin 1845) zurückgewiesen hat. Scheibel hat die Lösung versprochen, aber sein Versprechen nicht gehalten, während Schmidt durch die gewaltsamsten Einrenkungsversuche einer glücklicherweise jetzt überwundenen Vermittlungsphilologie die Schwierigkeit, statt sie einfach einzugestehen und so der richtigen Erkenntnis die Bahn zu öffnen, wegerklären wollte (p. 211 ff.).

Die Hauptfrage ist nun also: **wie kommt es, dass Enkomien auf die Heroën dem Dionysos zu Ehren gesungen wurden, während die Hymnen auf die anderen Götter ihren Stoff lediglich aus der Sage der betreffenden Götter selbst schöpfen?**

Für die Beantwortung dieser Frage haben wir wenigstens das Eine aus dem Bakchylidespapyrus gelernt: dass jeder Versuch, für die in Dithyramben behandelten Heroënmythen eine besonders nahe Beziehung zum Dionysoskreis nachweisen zu wollen, endgiltig als verfehlt abzulehnen ist. Nur die Io des Bakchylides, für die grossen Dionysien in Athen bestimmt, leitet (XVIII 46 ff. Blass) am Schluss zu dem Festgott Dionysos hinüber; die Stoffe aller seiner übrigen Dithyramben haben mit Dionysos nicht das Geringste zu thun.

Wir haben aber auch noch zwei weitere für diesen Zusammenhang wichtige Erkenntnisse aus Bakchylides gewonnen: fürs Erste, dass der Dithyrambus im fünften Jahrhundert v. Chr. nicht notwendig astrophisch gehalten war, was Blass früher (Herm. XXX, 314 ff.) annehmen zu müssen geglaubt, jetzt aber (Praef. edit. Bacchyl.[1] p. LVII) selbst aufgegeben hat. Und weiter, dass es schon im fünften Jahrhundert Dithyramben für Apollofeste gegeben hat: ein solcher, für eine delische Apollofeier, liegt vor in Bakchylides' Ἠίθεοι ἢ Θησεύς**) (XVI, 130 ff.), und wir wissen nun auch, was wir uns unter den Δηλιακοὶ διθύραμβοι des Simonides von Keos (Strabo p. 728 Cas.) vorzustellen haben. Vielleicht ist auch der

---

*) de dithyramborum Graecorum argumentis, Progr. der Ritterakademie Liegnitz 1862.

**) Die beiden Theseusgedichte des Bakchylides (XVI und XVII) sind schwerlich vor der Translation der Theseusgebeine nach Athen im Jahr 475 entstanden.

Ἡρακλῆς des Bakchylides (XV, 10 ff.) für ein Fest des pythischen Apollon bestimmt gewesen. Der Grammatiker in CRAMERS Anecdota Oxoniensia IV, 314 berichtet also richtig: διθύραμβός ἐστι ποίημα πρὸς Διόνυσον ᾀδόμενον ἢ πρὸς Ἀπόλλωνα περιπλοκαὶ ἱστοριῶν οἰκείως, *) und wir kennen jetzt in dem apollinischen Dithyrambus das vollkommene Gegenbild zu dem Παιὰν εἰς Διόνυσον, von dem uns heute ein inschriftliches Beispiel (WEIL Bulletin de correspondance hellénique XIX, 393 f.) vorliegt. Derartige Mischformen **) waren natürlich erst möglich, seit die Association zwischen Dionysos und Apollon in Delphi vollzogen war.

Ungewiss erscheint, auf welches Fest wir den Ἴδας des Bakchylides zu beziehen haben; auch Simonides hat (fr. 216 BERGK[1]) den Stoff behandelt. Das Gedicht des Bakchylides ist nach der Überschrift für Sparta bestimmt, wo vielleicht ein Heroënkult für Idas bestand (Pausan. III, 13, 1). Es könnte also ein Lied für ein Fest dieses Heros sein; bei den nahen Beziehungen des Idas zur Apollonsage kann man freilich auch an ein lakonisches Apollonfest denken.

Die oben gestellte Frage ist demnach nur noch dringender geworden, seit durch die bakchylideïschen Gedichte die Unmöglichkeit der Auffassung, als bestände immer ein Sachzusammenhang zwischen den ἡρωικαὶ ὑποθέσεις im Dithyrambus und der Dionysossage dargethan ist, und es ist Zeit, sich wieder einmal, unter Vergegenwärtigung alles dessen, was wir von Inhalt und Form des Dithyrambus wissen, an eine Beantwortung zu wagen.

Völlig feststehend ist, dass der Dithyrambus von Hause aus ein lyrischer Gesang auf Dionysos gewesen ist (Procl. chrest. p. 244, 19 Westphal; Suid. s. v.; Poll. I, 38; Timae. lex. Plat. s. v.; [Menand.] de enc. p. 331, 23 Sp.), und zwar niemals ein „Weinlied des einzelnen weinseligen Zechers" — ein Weinlied wohl, denn οὐκ ἔστι διθύραμβος, ὅκχ' ὕδωρ πίῃς (Epicharm. fr. 132 Kaib.), aber stets ein Chorlied im griechischen Sinn, d. h. von einzelnen ἐξάρχοντες angestimmt; das ist ganz unzweideutig von Archiloch. fr. 77 BERGK[4] gesagt:

καὶ Διωνύσου ἄνακτος καλὸν ἐξάρξαι μέλος
οἶδα διθύραμβον οἴνῳ συγκεραυνωθεὶς φρένα. ***)

Sicher ist auch was Pollux IV, 81 bezeugt, dass das ungriechische Instrument des αὐλός, das mit dem Dionysoskult in allen seinen Formen von Anfang

---

*) Die drei letzten Worte warten noch der Heilung. Auch Marius Victorinus an der unten S. 9 anzuführenden Stelle meint offenbar den apollinischen Dithyrambus.

**) Analoge Erscheinungen s. WELCKER, Griech. Götterlehre II, 616 f.

***) Die Stelle ist schon von LÜTCKE de Graecorum dithyrambis et poëtis dithyrambicis (Berlin 1829) p. 17 richtig verstanden.

an fest verbunden war, ursprünglich allein diesen Chor begleitet hat, und zwar (Procl. chrest. 245, 22 WESTPHAL; weitere Stellen MOR. SCHMIDT, diatribe p. 267 f.) in phrygischer oder hypophrygischer Harmonie. Aufgeführt ist er beim Opfer für den Gott (ὅταν σπένδωσι Ath. XIV, 628a).

Ein apotropäischer Zweck (εἰς κακῶν παραίτησιν), von dem Proklos (chrest. p. 245, 14. 28) redet, wenn die Lesart richtig ist (s. u. S. 10 Anm.) ist in keinem der uns erhaltenen Exemplare erkennbar.

Über den ursprünglichen Inhalt des Dithyrambus lässt sich durch Etymologie nichts Genaueres feststellen. Die alten Etymologieen *) von dem ἄντρον δίθυρον, in dem Dionysos aufgezogen worden sei, von λύθι ῥάμμα (Pind. fr. 85 CHRIST), von δὶς γενέσθαι (diese alle bei Procl. l. l. p. 244, 20 ff.), auch die Erklärung von διθύραμβος als Onomatopoëticum, die Dio Chrysostomus XVII, 2 zu meinen scheint, haben für uns kaum irgendwelchen Wert. Nur diejenigen, die das Wort zu der Geburt des Dionysos in Beziehung setzen, verraten wenigstens eine inhaltlich richtige Auffassung, insofern es Dithyramben auf die Geburt des Dionysos, analog den christlichen Weihnachtsliedern, wirklich gegeben haben muss (Plat. leg. III 700 B). Von ihrer Existenz haben wir nur noch eine Spur in demjenigen Teil des lehrreichen Missionierungschors aus Euripides' Bakchen, der die Geburtssage des Dionysos behandelt (Eur. Bacch. 88 ff.). **) Etymologische Versuche neuerer Zeit haben nicht weiter gefördert: dass Διὸς θύραμβος nicht die richtige Erklärung sein kann, ist durch JAKOB WACKERNAGEL (Rhein. Mus. XLV, 482) bewiesen. Διθύραμβος ist ohne Zweifel von Hause aus Beiname des Gottes, wie es denn auch vereinzelt (Herodot. VII, 227) als menschlicher Eigenname vorkommt. Wahrscheinlich ist es gar kein griechisches, sondern ein kleinasiatisches Wort etwa von einer der Bildungsklassen, die P. KRETSCHMER, Einleitung in die Geschichte der griechischen Sprache 322. 332 bespricht.

Die Dithyramben, die uns vollständig oder in grösseren Stücken erhalten sind, fallen alle unter den Begriff der Ballade, auch der pindarische Athenerdithyrambus, dessen prächtigen Anfang wir dem Dionysios von Halikarnass verdanken. Dionysischer Stoff wiegt hier ebensowenig vor wie in der attischen Tragödie, Gegenstände sind vielmehr Götter- und Heroënsagen aller Art.

---

*) Gesammelt und besprochen in der citierten Dissertation von LÜTCKE p. 9 ff. (L. entscheidet sich für die auf lateinische Grammatiker zurückgehende Ableitung von θρίαμβος); s. auch WELCKER, Nachtrag zur Schr. über die äschyl. Tril. 191, 27; MOR. SCHMIDT, diatribe in dithyr. 181; HARTUNG, Philol. I, 398.

**) Die Anspielung des Dio Chr. LXXVIII, 32 zeigt übrigens, dass auch der jungattische Dithyrambus diesen Gegenstand nicht vergessen hatte.

Eine besondere Gattung von Dithyrambus würde die volkstümliche Anruf ung der eleïschen Weiber an Dionysos ἐλθεῖν ἥρω Διόνυσε κτλ. (BERGK Poetae lyr. Gr. III⁴ p. 656 nr. 6) darstellen, wenn sicher wäre, dass man dieses Stück unter die Dithyramben rechnen dürfe. Es wird von diesem Typus später noch zu reden sein (S. 13 ff.).

Über die rhythmische Gestaltung haben uns, wie bemerkt (p. 4) die bakchylideïschen Gedichte gelehrt, dass astrophischer Bau keineswegs ein notwendiges Kennzeichen des Dithyrambus ist. Immerhin wird man festhalten dürfen, dass es lange vor Melanippides, Philoxenos, Timotheos astrophische Dithyramben gegeben habe und dass Simonides' Danaë und Pindars freigebautes Athenergedicht solche seien. Aber jetzt erst gewinnt die Stelle aus den pseudoaristotelischen Problemen (XIX, 15 p. 918b 18 ff.) die richtige Beleuchtung: διὸ καὶ οἱ διθύραμβοι, ἐπειδὴ μιμητικοὶ ἐγένοντο, οὐκέτι ἔχουσιν ἀντιστρόφους, πρότερον δὲ εἶχον· αἴτιον δὲ ὅτι τὸ παλαιὸν οἱ ἐλεύθεροι ἐχόρευον αὐτοί· πολλοὺς οὖν ἀγωνιστικῶς ᾄδειν χαλεπὸν ἦν, ὥστε ἐναρμόνια μέλη ἐνῇδον. μεταβάλλειν γὰρ πολλὰς μεταβολὰς τῷ ἑνὶ ῥᾷον ἢ τοῖς πολλοῖς, καὶ τῷ ἀγωνιστῇ ἢ τοῖς τὸ ἦθος φυλάττουσιν. διὸ ἁπλούστερα ἐποίουν αὐτοῖς τὰ μέλη. ἡ δὲ ἀντίστροφος ἁπλοῦν· ἀριθμὸς γάρ ἐστι καὶ ἑνὶ μετρεῖται. Das Älteste, dem Chorvortrag Angemessenste war auch beim Dithyrambus der strophische Bau: er ist die naturgemässe Form aller Volkslyrik, und aus dem Volk ist ja auch der Dionysosdienst mit allem, was zu ihm gehört, emporgestiegen.*) Zu dieser ältesten Manier des „schnurgeraden" d. h. antistrophischen Gesangs (σχοινοτένει' ἀοιδά) setzt denn auch Pindar (fr. 79 A CHRIST)**) seinen frei dahinströmenden Dithyrambus in Gegensatz. Es ist offenbar, dass schon er (Hor. carm. IV, 2, 11 f.) und Simonides die solistenmässige Entartung des späteren Dithyrambus nach der Richtung der rhythmischen Form angebahnt oder angenommen haben.

Mit dieser Umformung des rhythmischen Baus gieng die darstellerische Änderung Hand in Hand, die GOMPERZ (N. Jahrbb. f. Philol. und Pädagog. 1886 S. 771 ff.) aus Plat. resp. III 394 C richtig erschlossen hat: an Stelle des erzählenden Dithyrambus älteren Stils trat der dramatisch-mimetische. Die Eigenart dieses letzteren erklärt sich so vollständig aus seiner Konkurrenz mit dem ausgebildeten attischen Drama, dass man sagen darf: der mimetische Dithyrambus im vollen Sinn kann vor Entstehung des attischen Dramas gar nicht existiert haben. Denn erst seit der Dithyrambus mit dem Drama um seine Existenz zu

---

*) Procl. chrest. p. 245, 24 ἔοικε δὲ ὁ μὲν διθύραμβος ἀπὸ τῆς κατὰ τοὺς ἀγροὺς παιδιᾶς καὶ τῆς ἐν τοῖς πότοις εὐφροσύνης εὑρεθῆναι κτλ.

**) Die Stelle ist von HARTUNG Philol. I, 401 missdeutet.

kämpfen genötigt war, musste er seine musikalisch-mimetischen Reize zu der bekannten schwindelhaften Höhe zu steigern suchen: er wurde nun etwas Ähnliches wie das moderne Oratorium neben der Oper, ohne doch, wie unser Oratorium, die Symbolik der musikalischen Wirkung ganz rein für sich bestehen zu lassen — es wurde vielmehr noch eine Art symbolischer, die Musik illustrierender Aktion des Instrumentalisten und des Chorführers hinzugefügt (Aristot. poët. 26 p. 1461b 32 ff.), die auf unseren Geschmack, wenn ernsthaft gemeint, höchst peinlich wirken müsste.

Hat es nun die grösste innere Wahrscheinlichkeit, dass der Dithyrambus diese Metamorphose eben da erfahren habe, wo die Tragödie aus ihm erwachsen ist und ihm eigentlich den Lebensfaden abgeschnitten hat, nämlich in Attika, so darf man dem Dithyrambus, zu dem Pind. fr. 79 A B Christ gehören, ein äusseres Zeugnis für Zeit und Urheber der bezeichneten Erscheinungen abzugewinnen wagen. Dass er den Athenern gewidmet sei, nimmt Schröder mit vollem Recht an. Pindar weiss seinem Publikum in ausgesuchter Weise zu schmeicheln — nach dieser Seite hin kennen wir ihn besonders gut, seit wir seine erste olympische Ode mit dem weniger schwungvollen, aber im Komplimentieren weit massvolleren und anständigeren fünften Siegeslied des Bakchylides zu vergleichen die Möglichkeit haben. An der angeführten Stelle lobt Pindar offenbar den noch neuen attischen Dithyrambus nach seinem freien rhythmischen Bau im Gegensatz zu dem strophischen älteren und hat gewiss, um die Schmeichelei voll zu machen, auch sein eigenes Gedicht in attischer Manier frei gebaut; er lobt zugleich auch den attischen Dialekt, der statt des σὰν κίβδαλον das ττ hatte, wiewohl zweifelhaft ist, ob und wie weit diese Dialekteigentümlichkeit im attischen Dithyrambus zum Ausdruck gekommen ist. **) Dieser Dithyrambus neuen Stils ist die Schöpfung von Pindars Lehrer Lasos von Hermione, der von manchen Alten übertrieben und missverständlich für den Erfinder des Dithyrambus überhaupt gehalten wurde (Volkmann zu Plut. de mus. p. 119, 44 ff., der sich mit Recht zu der Ansicht von Ulrici über die Art von Lasos' Neuerung bekennt).

Über weitere metrische Eigentümlichkeiten des Dithyrambus

---

*) πρὶν μὲν εἷρπε σχοινοτένειά τ' ἀοιδὰ διθυράμβων καὶ τὸ σὰν κίβδαλον ἀνθρώποισιν ἀπὸ στομάτων.

**) Dass wir in Lasos von Hermione nicht einen Vorläufer des Nestor von Laranda sehen dürfen, halte ich für sicher. Wenn also die ἄσιγμος ᾠδή des Lasos, von der Dionys. Hal. de compos. verb. 14 und Athenae. X p. 455c reden, im Sinn der Ἰλιὰς λειψιγράμματος zu verstehen sein soll, so ist sie im Altertum mit Recht für unecht erklärt worden (Athen. a. a. O.). Der ὕμνος ἄσιγμος auf Demeter aber, den schon Herakleides Pontikos citiert, könnte, wenn für ein attisches Lokalfest bestimmt, wirklich einmal vereinzelterweise dem attischen Dialekt die stilistische Konzession gemacht haben, ττ statt σσ zu gebrauchen.

giebt Marius Victorinus Notizen, deren Richtigkeit wir kaum kontrolieren können.
Er redet von einem Refrain des Dithyrambus (Gramm. lat. VI, 59, 26 ff. KEIL):
esse brevia cola, quae post strophen et antistrophon supercini moris est, quae
iam non epodoe, sed ἐφύμνια dicuntur, ut est ἰὴ παιάν. hoc enim vel hymnis
vel dithyrambis supercini moris est. Ein Beispiel giebt er nur für den Refrain
des Päan, nicht des Dithyrambus im engeren Sinn, und er bezw. sein Gewährs-
mann meint offenbar die oben (S. 5) erwähnte Mischgattung aus Päan und Dithyrambus. Im übrigen könnte man sich ja an das ἄξιε ταῦρε des eleïschen Dio-
nysosgesangs erinnern, wenn dieser nur strophisch gebaut wäre. Das ἐφύμνιον
„ὢ διθύραμβε" erwähnt Hephaest. p. 72, 14 WESTPHAL, wir können es aber in
keinem Gedicht belegen. Ferner verzeichnet Marius Victorinus ein metrum dithy-
rambicum, gebildet aus zwei Paeones primi und einem Epitritus III am Schluss
(p. 129, 11 ff.), das in den erhaltenen Resten genau so nicht vorzukommen
scheint; nur die Einmischung päonischer Füsse unter sechszeitige, von der die
kürzeste mögliche Form im Dochmius der äschyleïschen Tragödie festgelegt worden
ist, können wir aus dem grossen pindarischen Dithyrambenfragment und aus
Bakchylides *) nachweisen.

Es bleiben also manche Lücken in unserer Kenntnis, aber doch ist eine
schöne Strecke von dem Entwicklungsgang des Dithyrambus so weit erhellt, dass
man die Hauptrichtungen und -stationen erkennen kann. Der astrophische Dithyrambus ist, jedenfalls in der Kunstpoësie, vermutlich aber auch in der volks-
mässigen, nicht das Älteste, sondern das Jüngste, etwas spezifisch Attisches. Was
den Stoff betrifft, so kann man zugeben, der Dithyrambus als Hymnus auf die
Geburt des Dionysos sei mehr als ein etymologisch-litterarhistorisches Phantasma
des Pindar und Platon; aber geschichtlich fassbar ist uns jedenfalls diese Gattung
nicht. Dagegen ist völlig klar, dass in der geschichtlich hellen Zeit die Heldensage regelmässig den Stoff für den Dithyrambus abgab, so sehr, dass man chorlyrische Dichtungen des Lokrers Xenokritos, die litterarhistorisch nicht ganz
sicher rubrizierbar waren, um dieses Inhalts der ἡρωϊκαί ὑποθέσεις willen für
Dithyramben erklärte (Plut. de mus. 10).**) Die Stücke des Bakchylides sind
also, wie oben bemerkt, inhaltlich echte und gerechte Dithyramben, und gehören
der Form nach zum alten, ausserattischen Stil.

---

*) Mit Händen zu greifen sind die Dochmien in der Epodos von Bakchylides' Ἠΐθεοι
gleich im Anfang: τόσ' εἶπεν ἀρέται'γμος ἥρως, τάφον | δὲ ναυβάται = ᴗ —, ᴗᴗᴗ — | ᴗ—, — ᴗ —|
ᴗ — ᴗ —; dann ὕφανέ τε ποται|νίαν μῆτιν εἶ|πέν τε μεγαλόσθενες = ᴗ —, ᴗᴗᴗ —| ᴗ —, — ᴗ — |
— ᴗᴗᴗ | — ᴗ — u. s. w. Es ist das rhythmisch kühnste unter den bakchylideïschen Gedichten.
**) Schol. Ar av. 918 rechnet den kyklischen Chorgesang einfach zum διηγηματικόν.

Schematisch lässt sich die aus den bisher vorgelegten Daten gewonnene stilistische Entwicklung so darstellen:

I. Älterer, ausserattischer Dithyrambus

    1) strophischer in apangeltischer Darstellung

        a) Διονύσου γοναί (?)

        b) Heroënsage

    2) astrophischer: ὕμνος κλητικός der eleïschen Weiber? Von einer strophischen Form des ὕμνος κλητικός wird unten S. 14 f. zu reden sein.

II. Jüngerer, astrophischer, attischer Dithyrambus, zu mimetischer Darstellung mehr und mehr übergehend.

    1) von Lasos begründet, von Pindar nachgeahmt

    2) von Melanippides und Genossen ins mimetisch-musikalisch Bunte gesteigert.

So liegen die Thatsachen, die wir nun zu erklären versuchen müssen; vor allem das Phänomen des Dionysoshymnus mit Stoff aus der Heldensage.

Dem späteren Altertum war der Heroëndithyrambus etwas so Geläufiges, dass über den befremdlichen Widerspruch zwischen Zweckbestimmung und Inhalt derartiger Gedichte sich niemand weiter aufhielt. Dass es aber eine Zeit gab, die an diesem Widerspruch Anstoss nahm, dafür liegt uns noch ein Zeugnis vor in dem Sprichwort οὐδὲν πρὸς τὸν Διόνυσον, das bei Plut. symp. quaest. I, 5 p. 615 A und Zenob. proverb. V, 40 im Wesentlichen richtig erklärt sein wird. Auch Proklos (chrestom. p. 245, 28 WESTPHAL) enthält noch eine Andeutung in dieser Richtung: ὁ μὲν γάρ (διθύραμβος) ἐστι κοινότερος (d. h. allgemeineren Inhalts), εἰς κακῶν παραίτησιν*) γεγραμμένος, ὁ δὲ (νόμος) ἰδίως εἰς Ἀπόλλωνα; aber es ist ihm schwerlich ganz klar gewesen, welche Schwierigkeit er hier berührt. So kann man sich nicht verwundern, dass auch die neueren Erklärungsversuche auf Abschwächung statt auf klare Herausstellung des Gegensatzes hinarbeiten. Man weist, sofern man nicht wie HARTUNG (Philolog. I, 406) lautlos über die Schwierigkeit hinweg gleitet, auf die vermeintliche stoffliche Verwandtschaft des Heroëndithyramben mit der Dionysossage hin (M. SCHMIDT, s. o. S. 4) und sucht auf diese Art ein allmähliches Herüberrücken aus dem dionysischen in den heroïschen Kreis glaublich zu machen; oder man nimmt einen Notstand der Dithyrambendichter an (SCHEIBEL a. a. O. p. XIV): die dionysischen Stoffe

---

*) Diese Worte sind schwerlich richtig überliefert (s. o. S. 6); eher könnte ein stoïscher Grammatiker, der Proklos wahrscheinlich gewesen ist (Rhein. Mus. XLIX, 158 ff.), geschrieben haben: εἰς καλῶν παραίνεσιν; denn dazu sollte ja die Heldensage dienen (Strabo I p. 15 f. 17 Casaub.; [Plut.] de vit. Hom. II, 5. 218; Dio Chrys. LII, 17).

seien bald erschöpft gewesen, so dass man über sie habe hinausgreifen müssen, wobei sich doch sofort die Fragen aufdrängen mussten, weshalb denn der Kulthymnus für Dionysos trotz aller stofflichen Beschränkung nicht ebensowohl wie z. B. der νόμος Πύθιος sich in dem Kreis des Gottes, den er eigentlich angieng, halten konnte, und warum denn nicht auch andere Götterhymnen solches Hinausgreifen über ihre eigentlichen Gegenstände zeigen. Wie äusserlich und unbrauchbar diese und derartige Lösungsversuche sind, empfindet jeder, der sich von dem zähen Beharrungsvermögen religiöser Formen und Gebräuche auf griechischem Boden die richtige Vorstellung gebildet und sich klar gemacht hat, dass der Dithyrambus nicht ein ergötzliches Spielzeug war, der Dichterwillkür preisgegeben, sondern ein fester Bestandteil eines Götterkultes, dass also die Bestimmung seines Inhalts nicht unter einen ästhetischen, sondern unter einen religiösen Gesichtspunkt fällt. Man nehme auch nicht eine Analogie von der bekannten Recitation beliebiger epischer Stücke nach Voranschickung eines hymnenartigen προοίμιον bei Götterfesten. Denn solche προοίμια und Recitationen sind nicht Bestandteile des Kultes, sondern freie Anhängsel epideiktischer Art an den offiziellen Teil des Festes, ein poëtisches Vorbild für die spätere prosaische Zusammenfügung der διάλεξις und μελέτη in den Prunkvorträgen der Sophistenzeit.

Sobald man für diese religionsgeschichtliche Seite der Frage das volle Verständnis gewonnen hat, wird man die Notwendigkeit erkennen, jeder weiteren Erörterung des vorliegenden Problems den freilich fast selbstverständlichen Satz voranzustellen: ein Dionysoshymnus kann von Hause aus nur dionysischen Inhalt gehabt haben; ein Chorlied mit ausschliesslich heroïschem Stoff hat mit dem Dionysoskult zunächst nichts zu schaffen, sondern gehört zum Heroënkult.

Damit sind die Richtpunkte für die folgende Untersuchung bezeichnet. Die Aufgabe ist, nach den nachweisbaren musischen Elementen im Dionysos- und im Heroënkult zu suchen und von den dabei gewonnenen Ergebnissen aus die merkwürdige Zwitternatur des Dithyrambus zu erklären. Manches wird hier problematisch bleiben. Das bringt die Art unserer Überlieferung mit sich. Indessen ist diese doch nicht so desperat, dass wir auf jede tiefer dringende Einsicht verzichten müssten. Die dürftigen Reste müssen nur richtig interpretiert und kombiniert werden. Mit reiner Buchstabengläubigkeit kommt man freilich hier wie in allen grösseren Fragen nicht von der Stelle, und vor allem ist zu bedenken, dass es über die volkstümlichen Anfänge des Dramas und Dithyrambus keine Didaskalieen gab, Aristoteles also im vierten Kapitel der Poëtik darüber nicht Zeugnisse, sondern Vermutungen bietet.

Dionysos ist, wie wir seit WELCKER wissen, ein Gott ganz anderer Art
als die Olympier des Epos. Nicht ein gestrenger Herr, sondern ein freundlicher
Befreier von Kummer und Elend, ein Helfer und Heiland der Armen und Ge-
drückten. Die Hoffnungen, Träume, Ekstasen, die der strenge Rationalismus der
griechischen Herrenmoral und Herrenreligion mit Acht und Bann belegt, haben
in seinem Bereich unbeschränktes Existenzrecht. Das Ethos seines Kultes ist in
den Chören von Euripides' Bakchen vortrefflich gezeichnet: harmlose Lebens-
freude, Irrationalismus, Condescendenz zu den Gefühlen und Gedanken des niederen Volkes *) sind seine Charakteristika, und um ihrer willen kommt er in
Konflikt mit der rationalistischen Staatsreligion und ihrer Polizeigewalt vom ersten
Anfang seines Auftretens an — daher die bekannten Mythen von Lykurgos und
Pentheus. Wenn Διόνυσος wirklich ein griechischer Name ist (wie ich mit ROHDE
Psyche II, 38 f. A. überzeugt bin) und dieser Name auf den thrakischen Sabos
oder Sabazios übertragen werden konnte, so muss es doch vor Import des thrakischen Dienstes einen wurzelecht griechischen Gott jenes Namens gegeben haben,
dessen Kult mit dem thrakischen einige Verwandtschaft hatte. Mehr oder weniger unterdrückt, hat der Dienst des Dionysos sich in den einzelnen Kantonen
doch über die Zeiten der Aristokratie hinüber gehalten bei der ländlichen Be-
völkerung. Das Volk verehrte den Gott der wunderbaren Belebungs- und Be-
fruchtungskraft, die sich von der Pflanzenseele der Rebe auf die Seele des Men-
schen überträgt, den Gott der fecundi calices in der derb ländlich-sittlichen Art,
von der Aristophanes in den Acharnern (237 ff.) ein Miniaturbildchen privaten
Charakters gemalt hat. Bei eigentlichen Gemeindefesten sangen die „dörper" **)

---

*) Die Stelle Bacch. 430 f. ist wohl zu lesen τὸ πλῆθος ὅτι τὸ φαυλότερον (opp. σοφός Eur.
Andr. 482; Ion. 834) ἐνόμισι χρῆταί τ᾽, ἐν τῷδ᾽ ἀλεγοίμαν; zum Sinn von ἀλέγω vgl. Alcm. 23, 2
Bgk.⁴ οὐ Λύκαισον ἐν καμοῦσιν ἀλέγω; Alcae. 58 οὐκέτ᾽ ἐγὼ Λύχον ἐν Μοίσαις ἀλέγω; Pind. Ol. II, 86
Πηλεύς τε καὶ Κάδμος ἐν τοῖσιν ἀλέγονται (Schol.: συγκαταλέγονται ἐν τούτοις τοῖς δικαίοις). Die Kor-
responsion (415 ═ 431) — ∪∪ — ∪ — — mit — ∪∪ — — kann keine Schwierigkeit
machen (ROSSBACH, Griech. Metr.³ 542). — Ganz zutreffend auch Tibull. I, 7, 39 ff.:
    Bacchus et agricolae magno confecta labore
    Pectora tristitiae dissoluenda dedit.
    Bacchus et afflictis requiem mortalibus affert,
    Crura licet dura compede pulsa sonent.
**) Daher der Name κωμῳδία, nach der richtigen Etymologie bei Aristot. poët. 3 p. 1448a
37, wo auch richtig angedeutet ist, dass κωμῳδία von Hause aus eine spöttische Bezeichnung
vom Standpunkt des städtischen Adels aus gewesen sei. Dasselbe trifft übrigens auch für das
Wort τραγῳδία zu, von dem die Alten so viele thörichten Etymologieen gegeben haben. Es bezeichnet den Gesang der zum Scherze τράγοι genannten Hirten in der διφθέρα (s. ausser BLÜMNER,
griech. Privataltert. 176, Theogn. 55; Ar. nub. 72; Epist. ad Hebr. 11, 37), den Bauerndithy-
rambus. Die „tragischen" Chöre zu Ehren des Heros Adrastos mit WERNICKE (Hermes XXXII,

dem Gott in der volkstümlichen Form des Chorgesangs, in den volkstümlichen Tanzrhythmen der beharrenden oder wechselförmigen sechszeitigen Takte, der Trochäen, Iamben, Ioniker und Choriamben seinen Hymnus, für jedes Fest einen neuen (καινὴν ἀπαρθένευτον Semos bei Ath. XIV 622 cd; Anaxil. fr. 272 Κοϲκ).*)

Etwas wie ein urkundlicher Bericht über diese ältesten ländlichen Dionysosfeste lässt sich nicht mehr gewinnen aus den inhaltlich und formal schon sehr weit von dem alten Dionysosgesang entfernten Dithyramben und Tragödien der klassischen Zeit, sondern nur noch durch Analyse des Kernbestandteils der altattischen Komödie, der Parabase. Sie zerfällt nach Inhalt und rhythmischer Struktur in zwei Teile, einen ἀπολελυμένως und einen epirrhematisch κατὰ σχέσιν gebauten. Nur der zweite ist in allen Parabasen, vollständig oder wenigstens (in den Thesmophoriaz.) stückweise, vorhanden, während der erste in den Fröschen völlig fehlt. Daraus wird man folgern dürfen, dass der zweite Teil der ursprünglichere ist. Inhaltlich sind bei Aristophanes überall die beiden Teile ganz von einander gelöst. Der zweite Teil besteht aus den beiden korrespondierenden Strophen der ᾠδή und ἀντῳδός und zwei gleich langen Reihen von trochäischen Tetrametern skoptischen Charakters, von denen die erste sich zwischen ᾠδή und ἀντῳδός einschiebt und deren ernsthaften religiösen Zusammenhang wenigstens in den Rittern, Wolken und Vögeln unterbricht, während die zweite der ἀντῳδός nachfolgt. Wenn in anderen Stücken die lyrischen Strophen selbst teilweise (Ach. Pax. Ran.) oder ganz (Vesp.) in den skoptischen Charakter hereingezogen werden, so ist dies ge-

---

291 ff.) für Chöre von Bockssatyrn zu halten, ist unmöglich: was sollten die im unvermischten Heroëndienst? Und Arion vollends hat mit den Böcken gar nichts zu thun (s. S. 19a Anm.). Der βουλάτης διθύραμβος (ältere Erklärungen bei Welcker, Nachtrag zur Schrift über die äschylische Trilogie 241 A. 179) Pind. Ol. XIII, 19 ist nichts anderes als der Rinderhirten-Dithyrambus (wegen der Syntax s. Kühner-Gerth, ausführl. Grammatik der griech. Sprache I³ S. 278; ähnlich ist besonders ἀλήτης βίος Hdt. III, 52), was freilich schon im Altertum verkannt worden ist (Voigt, in Roschers mytholog. Lexikon I, 1078, 62 ff. lässt mit Unrecht die Kritik von Welcker a. a. O. unbeachtet). — Κῶμος ist Kurzform zu κωμῳδία. Man kann mit der Sinnübertragung den schwäbischen Dialektausdruck „Kirwe" (ländliche Kirchweihe) im Sinn von „ungeordnete, bäurische Szene" vergleichen.

*) Das Gesetz, immer in der Komödie etwas Neues zu bieten, haben die altattischen Komiker fortwährend anerkannt (Ar. nub. 547; vesp. 1044. 1058; Xenarch. bei Ath. VI, 225c), und, mit moralisierender Begründung, knüpft noch Platon (leg. VII, 816 E καινὸν δὲ ἀεί τι περὶ αὐτὰ φαίνεσθαι τῶν μιμημάτων) daran an; auch neue Rhythmen bot man womöglich, wenigstens in derjenigen Parthie der Parabase, die schon im fünften Jahrhundert a parte potiore den Namen ἀνάπαιστοι trug, auch wenn sie nicht aus Anapästen bestand, sondern aus sechszeitigen wechselförmigen Maassen, wie die „σύμπτυκτοι ἀνάπαιστοι" in Pherekrates' Korianno, oder aus versus Cratinei oder aus ionischen Tetrametern (Phrynich. fr. 70 Κοϲκ) oder daktylischen Hexametern (Pherecrat. Χείρωνες fr. 152. 158 Κοϲκ). Aber auch die Tragödie hat

wiss nicht als das Ursprüngliche zu betrachten, sondern als naturgemässe Folge der Einwirkung des komischen Zusammenhangs, in den das Strophenlied in der Kunstkomödie hineingestellt ist. Der Götteranruf hat zweifellos von Hause aus den Inhalt des Strophenliedes gebildet, wie er denn noch einziger Inhalt der Strophen in den Parabasen der Ritter, Wolken und Vögel, und wenigstens angedeutet ist in derjenigen der Acharner (665), des Friedens (775. 816) und der Frösche (675). Die Wahl der angerufenen Götter steht in den aristophanischen Parabasen stets in engem Zusammenhang mit dem Inhalt des Stücks, wo nicht der Dichter sich an seine Göttin, die Muse, im allgemeinen wendet. Der Festgott Dionysos wird nur, nach einer Reihe anderer Gottheiten, freilich bedeutsam den Schluss bildend, angerufen in den Wolken 603 ff. Seit die Komödien in die Gesamtveranstaltung der Dionysien hereingezogen waren, in deren Verlauf ja dem Gott des Festes durch eigene kyklische Chöre mit Dithyramben die nötige Huldigung dargebracht wurde, hatte der einzelne komische Dichter nicht mehr nötig, einen Hymnus auf Dionysos für den Chor seines Stückes zu dichten. In einer Zeit und in Verhältnissen aber, wo das ganze Bauernfest mit einem einzigen Chor auskommen musste, an dessen Gesänge sich die freien Entremeses anschlossen, aus deren Verbindnng mit den Chören nach Poppelreuters *) überzeugender Darstellung die Komödie hervorgewachsen ist, kann dieser Chor nichts anderes als einen Hymnus auf Dionysos gesungen haben, wobei immerhin, wie man es in dem pindarischen Bruchstück (75 Christ; vgl. Ar. eq. 559 ff.) sieht, nach Art der Theoxenien, ausser den ständigen Genossinnen des Dionysos, den Chariten, auch die übrigen Götter als Gäste herbeigerufen worden sein mögen. Dieses ehrwürdige Survival ältester Dionysosfeiern, der ὕμνος κλητικός, ist der Form nach in den Strophen der Komödienparabase noch völlig erhalten geblieben.

Die trochäischen Parthieen, durch die das Strophenlied gekreuzt wird, enthalten durchaus politisch-soziale Satire und unterscheiden sich in nichts Wesentlichem von den archilochischen Iamben, aus denen ja ein Stück (ὦ λιπερνῆτες πολῖται, τἀμὰ δὴ συνίετε ῥήματ᾽) bezeichnenderweise in eine Parabase des Kratinos (Schol. Ar. pac. 602) wörtlich übernommen werden konnte. Ob die Verbindung zwischen Strophen und stichischen Trochäen von Anfang an die epirrhematische Form gehabt habe, muss dahingestellt bleiben. Aber dass diese Verbindung in irgend welcher Form die Grundbestandteile der alten ionisch-attischen Dionysien-

---

bis in das vierte Jahrhundert (καινοὶ τραγῳδοί s. Alb. Müller, griech. Bühnenaltertümer S. 323 f.) sich an jene Regel gehalten.

*) de comoediae Atticae primordiis. Berlin 1893.

feier (ὕμνος παραβώμιος und angeschlossene oder eingeflochtene Spottiamben)*) gebildet habe, ist im höchsten Grad wahrscheinlich.

Die einleitenden Anapäste haben zu diesem ältesten Bestand schwerlich gehört. Das dorische Marschmetrum weist auf dorischen Ursprung hin. Dem Inhalt nach steht diese Parthie dem Prolog der neueren Komödie gleich — der Dichter redet hier durch sein Organ, den in Marschbewegung aufziehenden Chor, in eigener Angelegenheit, und es ist zu vermuten, dass dieses Stück seine Einfügung vor den Strophen, als eine Art von Prolog zu diesen, erst den Kunstdichtern zu verdanken habe. Dass es der gesamten Chorleistung den Namen παράβασις eingetragen hat, darin liegt kein Beweis für sein hohes Alter in der ausserdorischen Komödie.

Durch Verbindung dieser lyrischen Parthieen meist ionischer Provenienz mit Nachbildungen der dorischen Volksposse ist die altattische Komödie entstanden. Dass es eine ionische Märchenkomödie nie gegeben hat, überhaupt kein ionisches Drama, braucht man jetzt nicht mehr zu beweisen, zumal nach der feinsinnigen Beurteilung der Zielinski'schen Ansichten durch HENRI WEIL (Etudes sur le drame antique 283 ff.).

Ist man berechtigt, in dem melischen Teil der Komödienparabase ein Rudiment des alten Dionysoshymnus zu finden, so muss sogleich darauf hingewiesen werden, dass hier nicht die leiseste Spur von einem die Heroënsage betreffenden Inhalt erscheint. Wenn demnach Ode und Antodos der Parabase als Dithyrambus angesprochen werden dürfen, so haben wir hier einen von erzählenden Elementen freien, rein lyrischen, strophisch gegliederten Dithyrambus, eine Anrufung des Gottes, dem Inhalt nach ähnlich dem eleīschen Weibergesang und dem Solo-Phaleslied des Dikaiopolis.

Nach dieser Analyse hat man sich den poëtischen Teil der altgriechischen, ländlichen, noch nicht in die Staatsreligion aufgenommenen Feier für den bärtigen Bauerngott (dies ist ja der Typus in der Kunst bis auf Praxiteles herunter) so vorzustellen: der primitiv maskierte (Pherecrat. fr. 185 K.; Aristoph. fr. 253 K.) Chor der Bauern, in zwei ἡμιχόρια geteilt (COUAT, Mélanges Weil 40 f.), tritt zum Altar des Gottes und ruft ihn herbei in einem strophischen Lied. Dann tritt einer aus den Vermummten hervor und macht in stichischen Trochäen oder Iamben die Schnitzelbank (χρηστὰ τῇ πόλει λέγειν, παραινεῖν Ar. ran. 398 f. 696; vesp. 651). Weiterer Mummenschanz schloss sich jedenfalls an. Es ist eine Feier, noch frei von den fremdländischen Einwirkungen aus Thrakien und Phry-

---

*) Die Bezeichnung „Iamben" ist in dem erweiterten Sinn gemeint, in dem sie die antike Grammatik braucht.

gien, die später den alten Bauernkult unter mystischen Phantasmen und theologischen Dogmen vergraben haben.

Was wir von musischen Veranstaltungen im Heroënkult wissen, ist nicht eben viel, weil das ionische Epos diesen Kult ignoriert und aus Gründen poëtischer Wahrscheinlichkeit (es schildert ja die Heroën lebend, bevor sie Gegenstand des Kultes waren) ignorieren muss, die hieher gehörige altdorische Chorlyrik aber uns fast ganz verloren ist; indessen ist was wir wissen, doch ausreichend, um eine Vorstellung zu geben. Der Verstorbene aus adeligem Geblüt erhält zunächst eine Bestattungsfeier mit grossem Pomp; nach ionischer Sitte wird ein θρῆνος ihm zu Ehren von Berufssängern ausgeführt, denen der Chor klagender Weiber respondiert (Il. Ω 720; etwas anders Aesch. Sept. 832 ff.). Dem Inhalt nach muss ein solcher θρῆνος von Anfang an eine Art ἐγκώμιον*) gewesen sein; ein ἐπιτύμβιος αἶνος ἐπ’ ἀνδρὶ θείῳ (Aesch. Ag. 1548 N.; ἀνὴρ θεῖος = ἥρως ganz im dorischen Sinn: Aristot. eth. Nic. VII, 1 p. 1145a 29); die jüngere Chorlyrik hat der Gattung, wie bekannt, neuen Geist eingeblasen. Den Einzelenkomien in aristokratischen Staaten entsprechen die Kollektivenkomien späterer Zeit in den demokratischen für Bürger, die im Krieg pro patria gefallen waren. Von der letzteren Sorte bietet uns das erste Beispiel Simonides fr. 4 Bgk.⁴, in der Chorode auf die Toten von Thermopylä; an Stelle der Oden sind dann seit Schaffung der Kunstprosa im Zeitalter der Sophistik die λόγοι ἐπιτάφιοι getreten. Von einem θρῆνος ἐπιτύμβιος alten Stils findet man bei Äschylus (Choëph. 345 ff. N.) das beste vollständige Beispiel. Die Geschwister singen ihn unter Beteiligung des Chors auf dem Grab des Vaters, als wäre dieser soeben erst bestattet, wie er es für das Gefühl des neu aus der Fremde angekommenen Orestes wirklich ist. Die Sitte hat sich auch bei der Leichenfeier lakonischer Könige erhalten, deren Ceremoniell in uralte Zeiten zurückreicht (Rohde Psyche I² 165) und sie ist in prunkvollster Weise, mit barbarischer Überladung erneuert worden bei der Leichenfeier, die Artemisia für ihren Gemahl Maussolos veranstaltete. In der Schilderung der Bestattungsfeier für die Könige in Sparta sagt Herodot VI, 58: οἰμωγῇ διαχρέωνται ἀπλέτῳ, φάμενοι τὸν ὕστατον αἰεὶ ἀπογενόμενον τῶν βασιλέων, τοῦτον δὲ γενέσθαι ἄριστον. Man wird auch dabei wohl an Chorgesänge zu denken

---

*) Der Ausdruck zeigt, dass solche laudes clarorum virorum, wie man sie an den Gräbern grosser Toten sang, auch bei den Gelagen, ἐν κώμοις, zur Unterhaltung und Anfeuerung vorgetragen wurden (Pind. Ol. X, 75 f. ἀείδετο δὲ πᾶν τέμενος τερπναῖσι θαλίαις τὸν ἐγκώμιον ἀμφὶ τρόπον), wie bei den alten Römern (Cato bei Cic. Tusc. I, 2, 3; IV, 2, 3; Cic. Brut. 75; Varro bei Non. s. v. assa voce). Über Heroënlieder in Skolienform Deneken in Roschers myth. Lex. I, 2, 2503, 47 f.

haben.*) Plato in den Gesetzen (XII, 947 B f.) schliesst in seiner Schilderung der Bestattung eines heroïsierten ἀριστεύς mit chorlyrischen Lobpreisungen (an Stelle der θρῆνοι) an bestehende (dorische?) Gebräuche an. Auch das nordische Altertum kennt ähnlichen Brauch, wie man im Beowulf, bei der Schilderung von Beowulfs Bestattung (v. 3187 ff. der Übersetzung von M. HEYNE) liest: zwölf Edelinge ritten um den Grabhügel und

> „in Kummer klagten sie, den König lobend,
> in wahrem Spruche sagten sie vom Helden,
> verkündeten sein ritterliches Wesen
> und priesen mächtig seine Heldenthaten.“

Nimmt man dazu die in geschichtlicher Zeit freilich eigenartig modifizierte altrömische laudatio funebris,**) so sieht man, dass es sich um eine indogermanische Sitte handelt, und man wird die Bedeutung dieser Totenklagen für Fixierung von Form und Inhalt der Heldensage und ihren Einfluss auf das älteste Epos (z. B. auch auf Schaffung des Vorrats lobender Beiwörter für die Helden) nicht leicht hoch genug veranschlagen können.

Ob der poëtische ἀγών um den besten Hymnus (auf den Verstorbenen), in dem Hesiod (op. 654 ff.) einen Dreifuss als Preis gewann, von den Söhnen des Amphidamas in Chalkis bei der Bestattungsfeier für ihren Vater oder bei einer

---

*) Die Frage darf hier wenigstens aufgeworfen werden, in welchem Metrum diese Heroëngesänge gehalten gewesen sein mögen, die Frage nach dem ursprünglichen μέτρον ἡρῷον. Die Alten verstehen darunter meist (AMSEL, Breslauer philolog. Abhandlungen I, 3, 79) einen Vers aus lauter Spondeen (Beispiele bei Demetr. de eloc. 42. 117), den Terpander (Procl. chrest. p. 245, 7 WESTPHAL) gebraucht haben soll. Als sechsfüssiger Langvers wird er bei Demetr. de eloc. 204 charakterisiert. Ob aber dieses μέτρον ἄρρυθμον der volkstümlichen Heroënpoësie angehört habe, ist doch sehr fraglich. Für diese möchte man eher an das Mass κατ' ἐνόπλιον denken, dessen Verständnis F. BLASS (Neue Jahrbücher für Philol. und Pädag. 133, 456 und praef. edit. Bacchylid.² p. XXXIII ff.) aufgeschlossen hat. Freilich könnte die Rhythmisierung auch bei verschiedenen Stämmen verschieden gewesen sein. Die enoplischen Rhythmen aber waren wohl mit der ἐνόπλιος ὄρχησις verbunden, die zur Heroënfeier trefflich passt. Lässt man den epischen Hexameter aus Zusammenfügung von zwei enoplischen Metra entstanden sein (BERGK, kl. philol. Schriften II, 392 ff. hätte bei richtiger Kenntnis des Begriffs ἐνόπλιος auf diese Auffassung kommen müssen), so müsste man eine allmähliche rhythmische Umdeutung (und denn auch Umbildung) des ursprünglichen Tetrameters aus ἑξάσημοι in einen Hexameter aus τετράσημοι, etwa unter dem Einfluss der daktylischen Nomenpoësie und -musik, annehmen. Den Alten ist die, wenn man so sagen darf, rhythmische Homonymität der Hexameterform κατ' ἐνόπλιον immer gegenwärtig geblieben. Ein Beispiel ähnlicher rhythmischer Umdeutung behandelt Hephaestio cap. 13. Auch das „ἔνδοξον ἐπισύνθετον δικενθημιμερὲς ἐγκωμιολογικόν“ könnte, seinem Namen nach, hierhergehören (Hephaest. p. 51, 10 ff. WESTPHAL).

**) Über die germanische Sitte fasst sich Tacit. Germ. 27 allzu kurz.

Erinnerungsfeier für den Verstorbenen zu denken sei, ist nicht sicher. Dass ein solcher musischer ἀγών schon bei den Leichenspielen selbst veranstaltet worden sei, hielten jedenfalls die Grammatiker für möglich, die Il. Ψ 886 lasen καὶ ῥήμονες ἄνδρες ἀνέσταν und einen ἀγὼν ποιήματος bei den Ἆθλα ἐπὶ Πελίᾳ durch Akastos gehalten sein liessen (Plut. symp. quaest. 675 A; s. a. Rohde kl. Schr. I, 42, 1). Die dramatischen Aufführungen bei den Leichenfeiern vornehmer, griechenfreundlicher Römer im zweiten Jahrhundert, die man aus der Geschichte des Terenz kennt, sind Nachklang uralter griechischer Sitte.

Noch weniger wissen wir über **musische Darbietungen bei den Erinnerungsfesten für die Heroën**. Aber die Aufführung von Chorgesängen bei diesen Gelegenheiten steht fest: wenn die Megarer in alter Zeit verpflichtet waren, alljährlich (Bekker Anecd. p. 281, 30) einen Chor von 50 Jünglingen und Jungfrauen zur Betrauerung der Verstorbenen aus dem Bakchiadengeschlecht *) nach Korinth zu schicken (Μεγαρέων δάκρυα Bekk. Anecd. p. 281, 27 ff.; Paroemiogr. Gr. I, 117; Schol. Pind. Nem. XII extr.), so versteht sich von selbst, dass dieser Chor bei der Gedächtnisfeier sich durch Gesang und Tanz zu bethätigen hatte. **) Auf denselben Gebrauch scheint Sophokles die Elektra (280) ***) mit Ironie anspielen zu lassen. Ein Enkomion auf den verstorbenen Sportsmann Xenokrates von Akragas in Form einer poëtischen Epistel an dessen Sohn Thrasybulos liegt uns in Pindars zweiter isthmischer Ode vor; das Gedicht ist ohne Zweifel für chorische Aufführung am Gedenktag bestimmt gewesen. Das Andenken des Euagoras wird u. a. durch Choraufführungen gefeiert (Isocr. Euag. 1). Weitere Zeugnisse für Hymnen auf die Heroën sammelt Deneken in Roschers mythol. Lexikon I, 2, 2503, 47 ff.). Besonders wichtig ist auch hiefür die schon

---

*) So in den Pindarscholien: τῶν Βακχιαδῶν εἴ τις τελευτῆσαι, ἔδει Μεγαρέων ἄνδρας καὶ γυναῖκας ἐλθόντας εἰς Κόρινθον συγκηδεύειν τοὺς νεκροὺς τῶν Βακχιαδῶν; von Trauer um die aus Megara stammende Frau eines Bakchiaden reden die Stellen bei Bekker Anecd. und in den Paroemiogr.

**) ob die „Prozessionskinder" (ἠΐθεοι werden sie genannt im Titel des Stückes von Thespis Suid. s. Θέσπις) aus den bakchylidëischen Dithyrambus; so heisst es auch von den Megarern Paroemiogr. l. l., sie hätten geschickt παρθένους καὶ ἠϊθέους τοὺς μέλλοντας αὐτοῦ τὴν θυγατέρα θρηνήσειν; das Wort findet sich auch auf Inschriften wie der von Klaros ed. Haussoullier Rev. de philol. N. S. XXII, 258; über die sekundäre Bedeutung „unverheiratet" s. Plat. leg. 840 D; Wünsch, Gött. gel. Anz. 1899, 120 Z 7) des Minostributs, geschichtlich verstanden, einen Chor für ein kretisches Götter- oder ein Heroënfest bildeten, lässt sich nicht ausmachen. Bei Plat. leg. XII 947 C funktionieren ἠΐθεοι bei der Bestattungsfeier eines heroïsierten ἀριστεύς, und ein Chor von 11 Mädchen und Knaben besorgt das εὐδαιμονίζειν ᾠδῇ.

***) Sophokles erwähnt hier die auch von Plut. Aet. Rom. p. 270 A bezeugten monatlichen Heroënfeiern; gewöhnlicher sind die jährlichen (Deneken in Roschers mytholog. Lexikon I, 2, 2515, 4 ff.).

berührte Stelle des Platon (leg. XII, 947 E), der, auch hier in offenbarem Anschluss an die bestehenden Formen des Heroënkultes, für die jährlichen Gedenk-
feiern zu Ehren der verstorbenen im Amt bewährten Euthynen einen ἀγὼν μου-
σικός und γυμνικὸς ἱππικός verordnet. Wer weiss, wie viel altes Griechenland
im neuen steckt, der wird in den Reigentänzen vor den Heiligenkapellen an den
Gedenktagen der Heiligen in Neugriechenland ein Rudiment alter Heroënverehrung
zu sehen geneigt sein; χοροστάσι heisst noch jetzt der eingefriedigte Raum um
die Heiligenkapellen (BERNH. SCHMIDT, das Volksleben der Neugriechen I, 88).

Das Wichtigste aber, was wir über den musischen Teil des Heroënkultus
wissen, berichtet Herodot VI, 67. Auf dem Markt von Sekyon hatte Adrastos,
der Sohn des Talaos, ein Heroon; er ist sonst in der Sage durchaus Argeier, und
sein Grabheiligtum in dem argosfeindlichen Sekyon ist wohl ebenso wie das des
Oidipus auf Kolonos als Schutz gegen den Landesfeind zu verstehen. Um so
befremdlicher muss es erscheinen, dass nun Kleisthenes der Tyrann nach einem
Krieg mit Argos den Adrastos aus dem Lande wirft, dafür die Gebeine von
Adrastos' Feind Melanippos aus Theben holen lässt und diese im Prytaneion*)
von Sekyon verwahrt. Der Krieg muss offenbar ein unglücklicher gewesen sein,
Adrastos muss den Sekyoniern seine schützende Macht nicht bewährt haben, wenn
sich Kleisthenes einen solch frivolen Eingriff in religiöse Traditionen und Einrichtungen sollte erlauben dürfen, gegen den Spruch des delphischen Orakels und
die Stimmung seiner Unterthanen. Von diesen letzteren nun sagt Herodot, dass
sie den Adrastos ἐώθεσαν μεγαλωστὶ κάρτα τιμᾶν und ihm zu Ehren „tragische
Chöre" aufführten πρὸς τὰ πάθεα αὐτοῦ. Das heisst: dem alten Landesheros zu
Ehren versammelten sich die Bauern der Umgegend von Sekyon in ihrer Tracht
aus Bocksfellen**) (s. oben S. 12 Anm.) und sangen mit Tanz episch-lyrische

---

*) wie auch sonst üblich: DENEKEN in Roschers mythol. Lexik. I, 2, 2492.
**) Dadurch, dass man hier immer an Satyrverkleidung denkt, wird die Frage nach
dem Ursprung der Tragödie nur verwirrt. Das Satyrspiel ist eine Sache für sich, allerdings
ein Produkt des nordöstlichen Peloponnes. Die Tragödie hat in Attika für sich allein existiert, bevor Pratinas das Satyrspiel brachte, das nachher an die Tragödie angeschoben
wurde. Wenn Aristot. poët. 1449a 18 f. eine Ableitung der Tragödie aus dem Satyrspiel
andeutet, so macht er eine Konjektur, die seiner eigenen Auffassung 1449a 9 ff. widerspricht.
Das Satyrspiel setzt auch seinem ganzen Charakter nach eine ernste Darstellung heroïscher
Stoffe voraus, die es lustig umspielt. Seine Art ist parodistisch, ganz anders als die älteste
Komödie gewesen sein muss. In der frühesten τραγῳδία hat man den verächtlich tropisch
benannten Chor der τράγοι, der epichorischen Bauern; im Satyrspiel die Bockssatyrn, die jedenfalls schon für Äschylus' Prometheus πυρκαεύς anzunehmen sind. Ob zwischen beiden sach-
licher Zusammenhang oder blosse Namensgleichheit bestehe, können wir nicht mehr sicher
erkennen. — Die Notiz des Suid. s. v. Ἀρίων, dass Arion zuerst Σατύρους εἰσήνεγκεν ἔμμετρα

Lieder auf ihn, die sich der Art des Inhalts nach völlig gedeckt haben müssen mit den balladenartigen Dithyramben, die dann im sechsten und fünften Jahrhundert dem Dionysos zu Ehren gesungen wurden.

Die herkömmlichen gottesdienstlichen Einrichtungen änderte nun Kleisthenes in der Weise ab, dass er χοροὺς μὲν τῷ Διονύσῳ ἀπέδωκε, τὴν δὲ ἄλλην θυσίην Μελανίππῳ. K. O. Müllers Folgerung aus dieser Stelle, dass Dionysosdienst in Sekyon schon vor Kleisthenes bestanden hätte, ist durch Lobeck (Aglaophamus 616 f.) mit Recht verworfen worden; aber zugegeben werden muss, dass Herodot mit seinem Ausdruck ἀπέδωκε, vom Standpunkt einer Zeit aus, in der der Dionysosdienst allgemein staatlich anerkannt war, einen schon vor Kleisthenes in Sekyon bestehenden Dionysoskult gemeint hat; [*] aber das ist eben seine für uns nicht bindende Auffassung der kleisthenischen Änderung. Die Adelsherrschaft, die der kleisthenischen Tyrannis vorausgieng, war gewiss kein Boden für Verstaatlichung der Dionysosreligion, die damals nur als Sektenkult im niederen Volk existiert haben kann. Was also Kleisthenes that, ist offenbar dieses: er nahm den Dionysoskult mit Choraufführungen unter die Staatskulte auf, aber zunächst in einschränkender Weise, indem er ihn zu einem Bestandteil eines von ihm neu eingerichteten Heroënkultes für Melanippos machte. Man darf vielleicht in der Fähigkeit des Dionysoskultes zu solcher Angliederung an staatlich anerkannte Kulte eine bezeichnende Eigentümlichkeit in der geschichtlichen Entwicklung desselben erkennen; in Delphi ist ja ganz Ähnliches geschehen, als Apollon sich mit Dionysos in den Tempel teilte. [**] Aber Kleisthenes war nicht so kühn wie die delphische Priesterschaft, den Bauerngott mit seinem Antipoden religiös zu verbinden. Der Anschluss an den Heroëndienst lag weit näher: als ἥρως wird ja Dionysos in dem eleïschen Lied angerufen, und seine Beziehungen zu den Seelen der Abgeschiedenen, von denen die Heroën eine bevorzugte Klasse bilden, sind bekannt (Rohde Psyche II² 45, 1). Das Ergebnis von Kleisthenes' Reform wird man sich praktisch etwa zu denken haben als ein zweitägiges Fest, dessen erster Tag durch kyklische Chöre für Dionysos, der zweite durch tragische d. h. von einem ländlichen Chor vorgetragene Enkomien auf Melanippos ausgefüllt war, also ganz ähnlich den grossen Dionysien in Athen (s. unten S. 24 f.).

λέγοντας, ist lediglich Produkt der litterarhistorischen Konstruktion, die alles Drama aus dem Satyrspiel ableitet, und sollte nicht als historisches Zeugnis angesprochen werden.

[*] Dieselbe Auffassung bei Zenob. prov. V, 40: τῶν χορῶν ἐξ ἀρχῆς εἰθισμένων διθύραμβον ᾄδειν εἰς τὸν Διόνυσον, οἱ ποιηταὶ ὕστερον ἐκβάντες τὴν συνήθειαν ταύτην Αἴαντας καὶ Κινταύρους γράφειν ἐπεχείρουν. Auch Welcker hält sie fest in seiner verunglückten Behandlung der Herodotstelle Griech. Götterlehre I, 447 f.

[**] Beispiele für Anschliessung von Heroënkulten an Götterkulte s. Deneken a. a. O. 2513, 52 ff.

Nun ist sehr bedeutsam, dass auch andere Tyrannen sich um Einführung bezw. Hebung des Dionysoskultes bemüht haben. Korinth ist nach Pindar Ol. XIII, 18 f. die Heimat der Διωνύσου σὺν βοηλάτᾳ χάριτες διθυράμβῳ, des Rinder-hirten-Dithyrambos (s. oben S. 13 Anm.), d. h. des Bauernchors auf Dionysos. Hier liegt wirklich eine brauchbare historische Nachricht vor, eine freilich ver-dunkelte Beziehung auf den geschichtlichen Teil der Legende, die von Arion und Periandros erzählt wird, während die abweichenden Angaben über die Her-kunft des Dithyrambus aus Naxos oder Theben, die der Dichter nach dem Scho-liasten zur angeführten Stelle sonst machte, durchsichtige mythologische Auto-schediasmen sind. Die Erzählung des Herodot und Anderer (M. Schmidt dia-tribe in dithyrambum 162; Crusius in Pauly-Wissowas Encyklopädie unter d. W. Arion) über Arion lässt sich zum einen Teil in typische Sagen- und Novellen-motive auflösen:

1) Meersprung göttlicher Wesen (S. Wide in der Festschrift für O. Benn-dorf S. 13 ff.),

2) wunderbare Rettung gottgeliebter Personen, besonders Künstler (Cic. de or. II, 352 ff.), ein Motiv, das mit dem ersten zu verknüpfen nahelag, sobald die Hypostase des Gottes für einen gewöhnlichen Sterblichen gehalten, der Meer-sprung also als Lebensgefährdung verstanden wurde.*)

Der andere Teil der Legende ist gebildet durch zwei geschichtliche Züge, einen generalisierten und einen individuellen. Dem Arion wird Lesbos, die Heimat der Kitharodik zum Vaterland gegeben (eine künstlerische Verwandtschaftslinie bilden Terpander und Arion bei Procl. chrest. p. 245, 7 Westphal), und endlich wird die nicht anzuzweifelnde Thatsache berichtet, dass unter Periandros in Ko-rinth nicht etwa die ersten Dithyramben überhaupt, wohl aber die ersten Dithy-ramben einer neuen Art aufgeführt worden sind. Es erscheint mir nicht unmög-lich, durch genaue Interpretation des Überlieferten die wesentlichen Charakter-züge dieses neuen korinthischen Dithyrambus herauszustellen. Arion ist in der Erzählung deutlich als eine Figur des apollinischen Kreises gekennzeichnet. Damit wird eine Beeinflussung des dionysischen Dithyrambus von Seiten der apollini-schen Musik ausgedrückt.**) Hat eine solche Umgestaltung unter Periandros

---

*) Bei Hdt. I, 24 am Schluss spielt auch noch der Gemeinplatz de sera numinis vin-dicta herein. Ob Arion nach Analogie des Ibykos zum reisenden Virtuosen gemacht und zwischen Grossgriechenland und dem Mutterland hin- und hergeschoben worden ist, könnte man fragen.

**) Man mag an eine rhythmische Modifikation, etwa durch Beimischung der daktyli-schen und päonischen Maasse der apollinischen Nomen- und Prosodienmusik zu den sechs-

stattgefunden, so hat sie sicherlich mit dessen Einverständnis oder auf seine Veranlassung hin stattgefunden und kann schwerlich anders denn als eine Veredlung der Choraufführungen im Dionysosdienst erklärt werden. Es liegt nahe, an direkte oder indirekte Einflüsse von Delphi aus zu denken, wo damals die Verbindung des Apollon mit Dionysos bereits vollzogen war. Apollon mag die Aufnahme seines delphischen Genossen in den Staatskult in Korinth empfohlen*) und sie um so eher durchgesetzt haben, wenn Periandros auch sonst Grund hatte, dem Dionysosdienst freundlich gegenüberzustehen.

Anerkannt ist endlich das Interesse des Peisistratos für den ländlichen Gott und die Thätigkeit orphischer Theologen am Peisistratidenhof. Die erste Tragödie ist unter Peisistratos bei den städtischen Dionysien in Athen im Jahr 534 aufgeführt worden. Den Zusammenhang zwischen Peisistratos' Politik und seiner Begünstigung der Dionysosreligion hat schon WELCKER (Nachtrag z. Schrift über die äschyl. Tril. 248 ff.) erkannt.

Diese Beispiele genügen, um die Behauptung zu begründen, dass Bestrebungen zu Gunsten des Dionysosdienstes für die griechischen Tyrannen seit Ausgang des siebenten Jahrhunderts v. Chr. charakteristisch sind;**) sie gehen auf Einbeziehung des Kultes in die Staatsreligion und auf seine künstlerische Veredlung, zum Teil wohl auch auf seine theologische „Vertiefung", wenn man das so nennen will.

Gründe, welche die Tyrannen zu solcher Protektion eines volkstümlichen Dienstes bestimmt haben, kann man sich unschwer denken. Auf den Schultern des niederen Volkes hatten sie sich zur Herrschaft aufgeschwungen und die Vormacht des Adels gebrochen. Die Stimmung des Adels zur Zeit der Tyrannis kennen wir aus Theognis, und die zähe Energie, die von den Adelichen eingesetzt wurde, die alte Oligarchie wiederherzustellen, aus der Geschichte des Peisistratos. Der Sturz der Peisistratiden war nicht, wie die im athenischen Volk geflissentlich verbreitete Legende es darstellte, ein Werk des Volkes, sondern des Adels; wie wäre die Revolution in Athen sonst von Sparta aus unterstützt worden? Um nun eine Herrschaft ohne Tradition gegen Restaurationen zu sichern,

---

zeitigen altdionysischen Rhythmen, und, mit MORITZ SCHMIDT (diatribe in dithyrambum p. 178), an Einführung der Lyra als Begleitungsinstrument neben dem Aulos denken. Seit dem Ende des sechsten Jahrhunderts wurde jedenfalls auch die Lyra zum Dithyrambus gespielt, nach der Vase Annali dell' instituto di corr. arch. 1829 tav. E, 2 und dem Skolion bei Ath. XV p. 695c

εἴθε λύρα καλὴ γενοίμην ἐλεφαντίνη,

καί με καλοὶ παῖδες φέροιεν Διονύσιον ἐς χορόν.

*) ROHDE Psyche II, 54 f.

**) Darauf weist, nach WELCKERS Vorgang, auch M. SCHMIDT diatribe in dithyr. 188 hin.

hat man sich öfter in der Geschichte religiöser Einrichtungen bedient. Die aus-
einanderstrebenden Elemente der Regierten sollen in einem allgemeinen Bekenntnis
zu einer dem neuen Herrscher gegenüber möglichst gleichartigen Masse zusam-
mengeschmolzen werden. So hat Alexander der Grosse sich selbst zum Einheits-
gott des jungen westöstlichen Weltreichs gemacht; die Ptolemäer und die römi-
schen Kaiser ahmten ihn nach; sie alle knüpfen an einesteils an orientalische
Anschauung, andernteils an den noch immer in griechischen Landen ungeheuer
fest wurzelnden Heroënkult, der gerade in der Zeit eines völlig entgötterten Rationalismus wieder neue Nahrung finden musste. Bemerkenswert ist, wie auch in
diesen religiös-politischen Organisationen seit Alexander wieder Dionysos, als der
Gott, der keine Schranken der Stände und der Nationen kennt, seine bedeut-
same Rolle spielt. In den hellenistischen Reichen tritt sein Kult in den Vorder-
grund, und gern gaben sich die Könige als νέοι Διόνυσοι (WELCKER, griech.
Götterlehre II, 624 f.; III, 311). Auch an die Reform des Tarquinius Superbus
darf hier erinnert werden, der, vermutlich in der Methode ein Schüler seiner
griechischen Kollegen, den Juppiter Capitolinus zum Schirmherrn der Gesamt-
gemeinde aus Patriciern und Plebejern machte. In demselben Sinn sind die
erwähnten Massregeln der griechischen Tyrannen zu verstehen. Sie kombinieren
Götter- und Heroënkult zu einer neuen, Sinn und Gemüt tief ergreifenden, für
alle Stände gleichermassen annehmbaren Staatsreligion. Dionysos war der Gott
der Partei, durch die sich die Tyrannis getragen wusste, und die Ausbreitung
seines Dienstes wurde zur Zeit der Tyrannis auch von Delphi aus schwunghaft
betrieben (ROHDE, Psyche a. a. O.). Durch Aufnahme dieses Gottes unter die
Gemeindegötter versicherte sich also die Tyrannis auch der Gunst der Priesterschaft von Delphi, die so wenig als die römische Curie ihre Interessen mit irgend
einer bestimmten Verfassungsform solidarisch erklären mochte. Was Herodot V, 67
erzählt, ist wahrscheinlich so zu verstehen, dass Kleisthenes das delphische Orakel,
das er zuerst durch Bedrohung eines Heroënkultes abgestossen hatte, durch eine
Konzession an Dionysos wieder zu gewinnen suchte.

Schwierigkeiten musste es aber machen, den Adel für die Verehrung des
Bauerngottes zu gewinnen und zur Beteiligung an jenen Chorgesängen zu stimmen,
für die er vorher nur beschimpfende und höhnische Bezeichnungen gehabt hatte.
Die Religion des Adels ist naturgemäss der Heroënkult, der aber schon in der
epischen Darstellung sinnreich mit genealogischer Methode in den Götterkult ein-
gegliedert erscheint: ἐκ δὲ Διὸς βασιλῆες. In den aristokratisch regierten dorischen Ländern hat es der Heroëndienst, an den die Klientel der Adelichen allmäh-
lich gewöhnt wurde, zu einer grossen Volkstümlichkeit gebracht; das lehren

jene Huldigungen der Dorfbevölkerung an die Heroën in den τραγικοί χοροί.
Die Landesherren blieben im Glauben des Volkes, was sie bei ihren Lebzeiten
gewesen waren, Schützer des Landes, auch nach ihrem Tod. So wird dadurch,
dass die Ahnen der adelichen Geschlechter zugleich βασιλῆες sind, der Familien-
kult zum politischen. Es war also ein überaus kluges Verfahren, wenn die Tyrannen in die neue Einheitsreligion für die bisher getrennten Stände auch ein
ohnehin populäres Element der Adelsreligion aufnahmen. Das mag der Form
nach an verschiedenen Orten in verschiedener Weise geschehen sein. Wie es
Kleisthenes angriff, wissen wir aus Herodot. Aber auch aus der attischen Reli-
gionsgeschichte lässt sich durch Analyse der Gebräuche an den „älteren Dionysien" (Thuc. II, 15, 4), d. h. den Anthesterien, noch ein Zeugnis für die An-
knüpfung wenigstens des Seelenkultes, von dem ja der Heroënkult ein Teil ist,
an den Dionysoskult gewinnen: der dritte Tag des Festes, der Tag der Χύτροι,
ist bekanntlich der attische Allerseelentag, an dessen Schluss die κῆρες ausge-
trieben werden. Es ist aber wahrscheinlich, dass dieser Tag ursprünglich, vor
Einrichtung der grossen städtischen Dionysien, die späterhin in kyklischen und
tragischen Chören grossartige Huldigungen an die Heroën darboten, noch weitere
Elemente des Heroëndienstes enthalten hat, und dass man in dem vom Redner
Lykurg erneuten χύτρινος ἀγών, der später zur blossen Probe herabgesunken ist,
ein Rudiment früherer vollständigerer Choraufführungen zu sehen hat. Aus der
Stellung der χύτροι am Schluss des dreitägigen Festes darf aber geschlossen werden, dass sie nicht zum ältesten Bestand desselben gehören. Das älteste Stück
des Festes wird der rein vulgäre erste Tag der Πιθοίγια, der Tag des Zechens
gewesen sein. Der zweite Tag bringt die merkwürdige Ceremonie der Vermäh-
lung der von den 14 γεραραί geleiteten Basilinna mit Dionysos im ältesten Dio-
nysosheiligtum ἐν Λίμναις. Die Deutung dieser Symbolik ist für die Geschichte
des attischen Dionysosdienstes von grösster Wichtigkeit und bietet sich, nach dem
oben Ausgeführten, leicht dar: es drückt sich hier das geschichtliche Ereignis
der Condescendenz des alten attischen Adels zu dem Bauerngott, die religiöse
Aussöhnung und Einigung der Stände aus.*) Was auf diese Huldigung der Geschlechter an Dionysos, als Gegenstück, organischerweise folgen sollte, eine Ver-
herrlichung der Heroën, das ist in der athenischen Festordnung vom sechsten
Jahrhundert an abgetrennt und in das jüngste und prächtigste Dionysosfest im
Elaphebolion hinübergeschoben. In diesem letzteren erreicht, verbunden mit der
Heroënverehrung, die Dionysosreligion ihre höchste, vornehmste künstlerische

---

*) WELCKER, griech. Götterlehre II, 647 f. verbaut sich das Verständnis der Ceremonie
dadurch, dass er hinter der Basilinna die Kore sucht.

Entfaltung. Als die grossen Dionysien eingerichtet wurden, ist von ihnen zunächst alles, was den alten Bauernspässen ähnlich war, völlig ferngehalten worden: fast bis zur Mitte des fünften Jahrhunderts war die Komödie von diesem mit feierlich-ernstem Pomp ausgestatteten Feste ausgeschlossen. Dem Namen nach ein Fest des Dionysos, war es der Sache nach vorwiegend ein Fest der Heroën, der grossen übermenschlichen Seelen der Vorzeit, deren Thaten und Leiden *) in erzählenden Balladen und bald auch in leibhaftiger Verkörperung **) den Hörenden und Schauenden vorgeführt wurden: von den fünf Tagen des Festes sind mindestens vier der lyrischen und dramatischen Darstellung der Heldensage gewidmet gewesen.

Die dramatischen Keime, die in Musik und Orchestik des Heroëndithyrambus, den τραγικοὶ χοροί lagen, sind hier voll ausgewachsen. Der lyrische Dionysosdithyrambus ist von ihnen abgetrennt, an den Anfang des Festes gestellt. Dass bei den künstlerischen Darstellungen der Heroënsage zunächst in jedem Lande die Landesheroën allein berücksichtigt wurden, erscheint naturgemäss. Das Bestreben, die Tragödienstoffe wenigstens zu der Landesgeschichte in engere Beziehung zu setzen, ist bei den attischen Tragikern offenkundig und gewiss nicht bloss als Chauvinismus und Liebedienerei gegen das Publikum aufzufassen, vielmehr aus der Entstehungsgeschichte der Tragödie zu erklären. Einen patriotischen Schluss hat Äschylus' Orestie; ebenso muss ihn die Promethie gehabt haben. Auch der erhaltene Schluss der thebanischen Trilogie in den Sieben gegen Theben gewinnt im Zusammenhang dieser Betrachtungen eine neue Beleuchtung. Von der Sagenversion der sophokleïschen Antigone wussten die Zuhörer des Äschylus nichts; aber geläufig war ihnen die in Äschylus' Eleusiniern

---

*) was Plut. de E ap. Delph. p. 889 A von διθυραμβικὰ μέλη παθῶν μεστὰ καὶ μεταβολῆς πλάνην τινὰ καὶ διαφόρησιν ἐχούσης sagt, bezieht sich auf Leiden des Dionysos selbst und auf den Inhalt der Dithyramben im mystischen Sektendienst für Dionysos, der vom staatlichen Kult wesentlich verschieden ist.

**) Die Erhöhung und Verbreiterung der Gestalt der Tragöden durch Kothurn, Auspolsterung, Maske ist keineswegs aus Rücksicht auf schwache Augen fernsitzender Zuschauer, sondern lediglich daraus zu erklären, dass man die Heroën auf der Bühne so vorstellte, wie man sich ihr wirkliches Aussehen dachte, d. h. in übermenschlicher Grösse, nicht allein moralisch (Aristot. Eth. Nicom. VII, 1 p. 1145a 19 ff.), sondern auch physisch (ROHDE Psyche I² 161, 1); denn riesenhaft dachte man sie sich, ähnlich an Wuchs den Göttern (Hom. Il. Σ 519; Dio Chrys. XXXI, 91). Die κολοσσοί der griechischen Plastik verdanken ihre Entstehung dem reinsten Realismus der Vorstellung, der auch in den Heroënreliefs (DENEKEN in Roschers mytholog. Lexik. I, 2, 2499. 2567 ff.) zu Tage tritt. Die Kostümierung der tragischen Heroën des attischen Theaters ist zwar nicht direkte Quelle für unsere Kenntnis der Tracht „mykenischer" Zeit, aber doch der Vorstellungen, die man sich, vielleicht auf Grund mancher echten Traditionen, im sechsten Jahrhundert von der Tracht der Heroën gebildet hatte.

4

auf die Bühne gebrachte Geschichte, der zufolge Theseus die Bestattung der vor
Theben gefallenen Argeier, also auch des Polyneikes durchsetzt. Der Schluss
der Sieben war für das Publikum des Äschylus ein verständlicher Hinweis auf
den ritterlichen attischen Landesheros, der auch die mit Füssen getretenen Rechte
der Familie und der Pietät zu Ehren bringen und den Klagen und Drohungen
eines schwachen Mädchens Nachdruck verschaffen wird. Sophokles, von den drei
Tragikern am meisten reiner Künstler, schob den Theseus bei Seite, stellte Antigone auf eigene Füsse und schuf den wundervollen Typus der Heldenjungfrau,
den Euripides bald nachahmt, bald kritisiert. Was aber Äschylus mit dem Schluss
der Sieben andeutete, liegt in Euripides Ἱκέτιδες in voller Ausführung vor. Ähnliche Hindeutungen auf Lösungen in attischem Gebiet hat Euripides in den Phö-
missen, der Medea und dem Orestes, während er in der taurischen Iphigenie, den
Schutzflehenden, den Herakliden, im Ion, im rasenden Herakles dem attischen
Genius loci unverhüllte Opfer bringt und im Hippolytos wenigstens ein Stück
aus der Geschichte des attischen Landesheros verarbeitet. Der Stoffkreis der
Tragödie verbreitete sich aber über die Landessage und die unmittelbar angren-
zenden Gebiete hinaus auf Grund der von dem Epos genährten Vorstellung, dass
alle Heroën zusammen eine grosse Familie bilden. So erhalten die Aufführungen
an den städtischen Dionysien anstatt des epichorisch-religiösen Charakters immer
mehr einen allgemein ästhetisch-ethischen.

Welch grosse Bedeutung übrigens auch die junge attische Demokratie dem
Heroënkult beilegte, das zeigt die Auswahl der zehn Eponymheroën aus der Zahl
der hundert „ἀρχηγέται“ für die zehn kleisthenischen Phylen, bei der die Pythia
assistierte (Aristot. Athen. resp. 21, 6).

Zu dem Postulat, das oben aufgestellt worden ist (S. 11), sind nun die hi-
storischen Anhaltspunkte gefunden. Heroënballade und Dionysoslied, von Hause
aus getrennte Gattungen, sind infolge einer durch politische Berechnung ins Werk
gesetzten religiösen Neuerung, einer Kombination von Heroën- und Dionysoskult
um das Jahr 600 v. Chr. zusammengerückt worden. So entstand die neue Gattung des Heroëndithyrambus, in Zweckbestimmung, Inhalt und rhythmischem Bau
noch deutlich als Mischform erkennbar. Archilochos hat sie schwerlich schon
gekannt: ihm ist Dithyrambus noch der ὕμνος κλητικός auf Dionysos, eine Gattung, die sich auch neben dem Heroëndithyrambus im Kultus fortwährend gehalten hat. Dithyrambus heisst seit jener Reform jeder beim staatlichen Dionysosfest gesungene Chor, auch das Heroënenkomion, das nun die Form des ver-
edelten strophischen Dionysosgesanges annahm. Der ἰόβακχος (Procl. chrestom.